Peter Opitz

Wussten Sie,
**dass die Reformierten
lange Zeit für Theater
sorgten?**

T V Z **bref**

Peter Opitz

Wussten Sie,
dass die Reformierten lange Zeit für Theater sorgten?

Die gesammelten Kolumnen aus dem *bref* Magazin

T V Z

Theologischer Verlag Zürich

bref

Das Magazin der Reformierten

Publiziert mit freundlicher Unterstützung des Reformierten Stadtverbands Zürich.

Der Theologische Verlag Zürich wird vom Bundesamt für Kultur mit
einem Strukturbeitrag für die Jahre 2016–2018 unterstützt.

Bibliografische Informationen der Deutschen Nationalbibliothek
Die Deutsche Nationalbibliothek verzeichnet diese Publikation
in der Deutschen Nationalbibliografie; detaillierte bibliografische
Datensind im Internet über http://dnb.d-nb.de abrufbar.

Umschlaggestaltung: Pascal Beck, Reformierte Medien
Satz und Gestaltung: Pascal Beck, Reformierte Medien
Druck: AZ Druck und Datentechnik GmbH, Kempten

ISBN 978-3-290-17924-3
© 2018 Theologischer Verlag Zürich
www.tvz-verlag.ch

Wussten Sie,
dass...

Wussten Sie,
dass es ein Glück ist, dass die Reformatoren längst gestorben sind?

Die Reformatoren würden uns beim Feiern des Reformationsjubiläums nur Probleme machen. Nicht nur, weil sie Menschen ihrer Zeit waren, die uns in manchem fremd bleibt. Probleme machen würden sie uns vor allem mit ihrer Botschaft. Das wird sofort klar, wenn wir die berühmten Thesen, die Luther in Wittenberg an die Kirchentüre angeschlagen hat, nicht nur feiern, sondern auch lesen. Dort geht es nämlich um Busse: Abkehr von menschlicher Selbstbezogenheit und Umkehr zum alleinigen Gott. Davon ist derzeit weniger die Rede. Lieber feiern wir die Reformatoren als Vorkämpfer der Gewissensfreiheit oder als Gesellschaftsreformer – und uns selber dabei gleich ein wenig mit. Ein willkommener Anlass für Politikerinnen, für grosse und kleinere Experten aller Art, sich dem Publikum zu präsentieren. Die Medienleute sind dankbar für Stoff für ihre Zeitschriften und Sendungen; die protestantischen Kirchen erhoffen sich erhöhte öffentliche Aufmerksamkeit, und die Tourismusbranche weiss sowieso, was sich rechnet. Kirchenkritiker wiederum ergreifen die Gelegenheit, auf die Grenzen, Irrtümer und Fehlurteile der Reformatoren hinzuweisen, um so einmal mehr sich selber und der Öffentlichkeit ihre eigene moralische Überlegenheit über alles Religiöse zu bestätigen.

Nichts von alledem soll hier als verwerflich gebrandmarkt werden. So funktioniert nun einmal die Welt, und der Schreibende ist mittendrin. Was aber, wenn jemand auf die Idee käme – rein theoretisch natürlich – zu fragen, was die Reformatoren eigentlich dazu sagen würden? Dass sie als grosse Gestalten im Kulturprozess der Menschheit gefeiert werden möchten, ist auszuschliessen, und ebensowenig wollten sie Kirchengründer sein. Überhaupt waren sie mit dem Verlauf der Reformation ja keineswegs zufrieden. Zwingli ist am Widerstand der Hälfte der Eidgenossenschaft gescheitert, und für Luther war das ganze landesfürstliche Luthertum eigentlich eine Fehlentwicklung. Vielleicht würde Luther seine lieben Deutschen auf seine Auslegung von Matthäus 23,29 hinweisen: «Die Propheten ehrt man nicht, wenn man ihnen Gräber baut und sie schmückt, sondern wenn man so lehrt, lebt und glaubt wie die Propheten.» Bei dieser Frage würde Zwingli ihm mit Sicherheit zustimmen und an seine Eidgenossen gerichtet ergänzen: «Vor dem Herrn bezeuge ich: Wenn meine Schriften einmal von allen gelesen wären, so wünschte ich, mein Name geriete überall wieder in Vergessenheit.» Eben nicht nur das Zweite, sondern auch das Erste war ernst gemeint. Ein Glück für die Reformationsfeier 2017, dass die Reformatoren längst gestorben sind!

Als Reformation «werden die Vorgänge des 16. Jahrhunderts bezeichnet, die das christliche Abendland in Alt- und Neugläubige teilten». So liest man in einem Lexikon. Altgläubige und Neugläubige? Die Ausdrucksweise ist üblich. Verständlicherweise: Im Zeitalter der Ökumene erzählt es sich leichter, dass «Neugläubige» die «Altgläubigen» als Götzendiener beschimpft und «Altgläubige» die «Neugläubigen» lebendig verbrannt haben, als wenn man dies von Reformierten und Katholiken sagen muss. Und den Reformierten wird zugleich ins Ohr geflüstert: Wir sind mit unserem «neuen Glauben» zukunftsorientiert, wir haben das finstere Mittelalter verlassen und läuten die «Neuzeit» ein! Ein grosser Teil der Festredner von «500 Jahre Reformation» wird dieses Lied singen.

Wussten Sie,
dass es keine «neugläubigen» Reformatoren gibt?

Nur: neugläubig zu sein war der schlimmste Vorwurf, den man den Anhängern der Reformation machen konnte. Denn das hiess ja: Einige Grössenwahnsinnige gründen eine neue, lutherische, zwinglische oder calvinische Religion! Kein Wunder, dass sich die Reformatoren beständig gegen diesen Vorwurf gewehrt haben. Heinrich Bullinger verfasste 1537 eine «freundschaftliche Warnung an diejenigen, die unseren nicht nur alten, sondern uralten, wahren und unbefleckten Glauben als neu und sektiererisch in Verruf bringen wollen». Sein Buch mit dem Titel *Der alte Glaube* will zeigen, dass der evangelische Glaube keine Erfindung von Neuerern ist. Vielmehr geht es in der Reformation darum, den alten Glauben, den Glauben an den Christus, von dem uns die biblischen Schriften erzählen, wieder ernst zu nehmen und von späteren Neuerungen, die ihn verdunkelt und verzerrt haben, zu reinigen. Und Johannes Calvin formulierte: «Wenn sie unsere Lehre als eine neue bezeichnen, so lästern sie Gott! Denn Gottes heiliges Wort kann man wohl nicht der Neuheit beschuldigen! Dass es für sie freilich etwas Neues ist, bezweifle ich nicht im mindesten. Wem Christus neu ist, dem ist auch sein Evangelium neu.»

Hier wird deutlich: Um die Frage, ob man alte religiöse Traditionen weiterpflegen oder alte Zöpfe abschneiden und mit der Zeit gehen soll, kann man trefflich streiten. Mit Reformation hat das aber nichts zu tun. Den Reformatoren ging es um etwas anderes: darum, «Gottes heiliges Wort» zu hören – im Unterschied zu allen Erfindungen menschlicher religiöser Phantasie neueren und älteren Datums. «All Morgen ist ganz frisch und neu, des Herren grosse Gnad' und Treu», so formuliert ein Lied aus der Reformationszeit den alten Glauben aller Christen. Deshalb feiern sie Advent – alle Jahre wieder.

Die Website der Evangelischen Kirche in Deutschland (EKD) zum Reformationsjubiläum (www.luther2017.de) führt alles Gute auf Martin Luther zurück. Wer die Texte dort liest, denkt: Luthers Konkurrenten müssen ausgeschaltet werden. Deutlich zu spüren bekommt dies der Schweizer Reformator Ulrich Zwingli. Er wird dort als «radikaler Reformator» porträtiert, der «mit dem Schwert in der Hand» starb. Seine Leistung als Reformator wird wie folgt beschrieben: «Die Bürger wurden zum Gottesdienstbesuch gezwungen. Gegner wurden der Stadt verwiesen, Täufer hingerichtet und romtreuen Städten mit Krieg gedroht.»

Interessant sind in diesem Zusammenhang die Antworten führender Persönlichkeiten der EKD auf die Frage, was denn heute noch christlich sei, in *Die Zeit* vom 27. Oktober 2016. Der EKD-Ratsvorsitzende Heinrich Bedford-Strohm beantwortet sie mit dem Satz: «Wer fromm ist, muss auch politisch sein!» Wer diesen Gedanken in die Reformationszeit zurückverfolgt, gelangt nicht zu Luther, der Politik und Religion möglichst getrennt haben wollte, sondern zum Reformator Ulrich Zwingli mit seiner Betonung des prophetischen Wächteramts der Kirche. Der ehemalige EKD-Ratsvorsitzende Nikolaus Schneider beantwortet die Frage mit dem Hinweis auf die Bedeutung der «konfessionsübergreifenden Gemeinschaft». Allerdings wird man sich auch da kaum auf Luther berufen können, der bekanntlich alle exkommuniziert hat, die seinem Bekenntnis nicht wörtlich folgen wollten. Umso mehr kann man sich dafür aber auf die durch Zwingli angestossene Schweizer-Oberdeutsche Reformation berufen. Hier war das Thema «Gemeinschaft» schon im Abendmahl zentral; leider stiess der Wunsch nach einer auf gegenseitiger Anerkennung beruhenden Gemeinschaft auch mit Luther auf dessen Ablehnung. Die Antwort der deutschen Reformationsbotschafterin Margot Kässmann auf die Frage schliesslich besteht in einem Zitat aus dem Matthäusevangelium:

«Wer Fremde beherbergt, steht in der Nachfolge Jesu.» Einmal mehr: Ein Tatchristentum, wie es das Matthäusevangelium lehrt, lag nicht in der Linie von Luthers Lehre. Zwingli hingegen begann seine Predigttätigkeit mit der Auslegung gerade dieses Matthäusevangeliums. Die drei zitierten Stimmen aus der lutherisch geprägten EKD haben wohl mehr vom «radikalen» Zürcher Reformator über heutige Christlichkeit gelernt, als ihnen bewusst ist. Bis Zwingli in der EKD so respektvoll behandelt wird, wie man es dort im Blick auf Muslime fordert, wird es aber wohl noch etwas dauern. Das beweist die Website zum Reformationsjubiläum.

Wussten Sie,
dass man Luther sagen und Zwingli meinen kann?

Kennen Sie das Altarbild der Schlosskirche in Wittenberg? Darauf sitzt Martin Luther im Kreis der Jünger mit Jesus am Tisch beim letzten Abendmahl, neben ihm der Drucker seiner Bibelübersetzung. Die Botschaft ist klar: Luther hat seine Lehre aus erster Hand – sie ist göttlichen Ursprungs! Ganz ähnlich die Suggestion des Logos für das «Lutherjahr 2017» fast 500 Jahre später: Unter Luthers Porträt steht der Satz: «Am Anfang war das Wort – Martin Luther». Luther, die Lichtgestalt, die uns die Freiheit bringt! Über Jahrhunderte wurde er als deutscher Herkules gefeiert, religiös und immer wieder auch nationalistisch. Die zahllosen Strassen, Häuser und Plätze, die seinen Namen tragen, zeugen davon. Die Werbung für das «Lutherjahr 2017», vom deutschen Bundesparlament mit vielen Millionen Euro finanziert, wird auch die Schweiz erreichen. Manches deutet darauf hin, dass die Tourismusindustrie gegenüber denen, die Luthers Schriften wirklich lesen, den Sieg davon getragen hat.

Wussten Sie,
dass Luther in Deutschland ein emotionaler Stressfaktor ist?

Das provoziert. Und so werden gerade in Deutschland die Stimmen immer lauter, die auf die dunklen Seiten des grossen Reformators hinweisen: Luther, der streitsüchtige Polterer, der Fundamentalist, der Feind jeder Toleranz, der Judenhasser, der vom Teufel verfolgte Theologe der Angst, der seinen Fürsten rät, die Bauern niederzumetzeln. Luther, die Quelle allen Übels. Das Pendel schlägt um, und fast schon könnte er einem leid tun, der arme Mönch aus Wittenberg, der zu seiner eigenen Überraschung zum Medienstar geworden ist. Auch die Schweizer Reformatoren hatten ihre Mühe mit dem launischen Wittenberger. Sie verdankten Luther zwar einiges, aber dann doch nicht so viel, wie dieser behauptete. Immer wieder wurden sie von ihm als Ketzer beschimpft. «Wohl dem, der nicht sitzt im Kreis der Schweizer», hatte er noch kurz vor seinem Tod gedichtet. Empört beklagte sich ein Basler Pfarrer bei Heinrich Bullinger über die «Frechheit» und den «Hochmut» Luthers und führte beides auf zu vieles Biertrinken zurück. Bullinger hingegen sah die Sache nüchterner und konnte gerade deshalb dem deutschen Reformator Respekt zollen. Als das Gerücht von Luthers Tod in die Schweiz gelangte, verbot er seinen Pfarrkollegen, schlecht über den Wittenberger zu reden, und schrieb: «Ist Luther gestorben, so wünsche ich, dass er glücklich gestorben sei; denn es ist an ihm vieles, was die Besten mit Recht bewundern und loben! Selbst die grossen Männer der Kirche in der alten Zeit hatten ihre Fehler, und ebenso Luther, nach göttlicher Vorsehung, damit man auch ihn nicht zum Gotte macht.» Eine Sicht, die in Deutschland vor Ende 2017 wohl kaum noch mehrheitsfähig wird.

Wussten Sie,

dass in der Reformation Fressgelage nicht wegen Lustfeindlichkeit verboten wurden?

Von einem Aufklärungsphilosophen im 18. Jahrhundert, der das vollständige Lustprinzip als Lebensmotto propagierte, wird berichtet, dass er beim Verzehr einer übergrossen Pastete den Tod gefunden habe. Ein lustvoller Tod am königlichen Hof in Zeiten der Entbehrung für die breite Bevölkerung. Als Bern 1536 in der Waadt die Reformation einführte, hob es nicht nur die kirchlichen Fastengebote auf, es erliess auch eine Verordnung gegen übermässiges Essen und Trinken. Exzessive Festgelage wurden verboten und Geldstrafen angeordnet. Ähnliche Erlasse findet man in Zürich und Genf. Reformierte Lustunterdrückung? Kataloge mit genauen Speisevorschriften für Hochzeitsfeiern, wie sie einem zu Ende des 16. Jahrhunderts begegnen, deuten darauf hin.

Auch andere Dinge unterlagen Beschränkungen: etwa das Würfelspiel oder beliebte Alkoholrituale, «Zutrinken» genannt.

Allerdings findet man in katholischen Orten ähnliche Verordnungen, und dies bereits im 15. Jahrhundert, lange vor der Reformation. Wer sucht, findet auch Begründungen: Wo für den grössten Teil der Bevölkerung die Nahrung knapp und eintönig war, galt öffentliches Prassen einer kleinen Elite nicht nur als stossend, es konnte gar zu Unruhen führen. Der soziale Zwang, bei Hochzeitsfeiern das ganze Dorf so üppig zu bewirten, wie es nun einmal «Tradition» war, führte zu Schulden und Verarmung bei den Brauteltern. Trunkenbolde verspielten ihr Einkommen mit Würfeln und liessen dafür Frau und Kinder hungern. Was uns als obrigkeitlicher Sittenzwang erscheint, war also oft als soziale Massnahme gedacht, zum Wohl der ganzen Bevölkerung, auch der Schwachen. Und ganz so fremd, wie es zunächst erscheinen mag, ist uns diese Sache nicht. Erst kürzlich wurde die Freiheit des Rauchens staatlich eingeschränkt und ermöglicht den Nichtrauchenden nun einen angenehmeren Aufenthalt in Zügen und Restaurants, ganz abgesehen von den gesundheitlichen Vorteilen. Das Geldspiel wird längst durch ein Spielbankengesetz begrenzt, und jugendliches Komatrinken wird selten als Form von Freiheit und Lebenslust begrüsst. Staatlicher Gesundheitszwang? Lustfeindliche Gesellschaft des 21. Jahrhunderts?

Die Reformatoren standen für Freiheit ein; möglich wird sie nur, wo sie von selbstzerstörerischer Schrankenlosigkeit unterschieden wird. Für das persönliche Leben empfahlen die Reformatoren das Masshalten. Nur wer masshalten kann, ist wirklich frei! Unter Bullingers praktischen Ratschlägen findet sich ein Tipp, für den er von allen Krankenkassen einen Orden erhalten würde: «Nie satt vom Tisch!»

Gott «missfällt nichts mehr als Heuchelei. Daraus ist zu lernen, dass alles, was sich vor den Menschen besser darstellt, als es ist, eine grosse Heuchelei und Blasphemie ist. Hiermit fallen dahin: Kutten und religiöse Zeichen.» So formulierte es Zwingli 1523. Der Gedanke dahinter war einfach und eigentlich typisch reformiert: Vor Gott sind alle Christenmenschen gleich. Und so sollte niemand mehr besondere Gottesnähe vortäuschen, indem er sich Röcke und Mäntel umhängte, wie sie einst die Beamten im alten Rom getragen hatten – damals, als Hosen noch die Kleider der Barbaren und Sklaven waren.

Während die Kutten von Nonnen und Mönchen vor der Reformation wenigstens noch schlicht gehalten waren, sollten die Priestergewänder die Herrlichkeit Gottes darstellen, getragen durch sein Bodenpersonal. Das Messgewand des Abts von St. Gallen etwa war derart mit Gold und Silber überladen, dass die Diener

Wussten Sie,
dass die Schweizer Reformatoren den Talar abgeschafft haben?

es bei der Messe unten am «Hauptloch» hochheben mussten, damit er sich überhaupt bewegen und die priesterlichen Zeremonien vollführen konnte, wie ein Augenzeuge aus dem 16. Jahrhundert berichtet.

Die Reformation hat den «geistlichen Stand» – also Nonnen, Mönche, Abt und Priester – abgeschafft. Es blieben die Diener. «Diener am Wort Gottes» wurden nun die Pfarrer genannt. Anstatt göttliche Kraft zu vermitteln und menschliche Projekte himmlisch zu segnen, sollten Pfarrpersonen nun die Bibel auslegen und so in prophetisch-kritischer und in pastoral-seelsorgerlicher Weise an Gottes eigenes Reden erinnern. Als Gemeindeglieder mit dieser besonderen Aufgabe. Entsprechend sollten sie im Gottesdienst und bei der Feier des Abendmahls nicht verkleidet sein «wie levitische Opferpriester im Alten Testament», wie Heinrich Bullinger trocken formulieren konnte, sondern sich anziehen wie gewöhnliche Menschen am Sonntag. So hat man es seit der Reformation gehalten, bis dann auch in der Schweiz der Gelehrtenrock der preussischen Staatsbeamten als Pfarrerkleidung Einzug hielt.

Was im 19. Jahrhundert dem Herrn Pfarrer noch Autorität und Würde verlieh, wird nun im Zeitalter des totalen Markts als notwendiges «Corporate Design» gefordert: Wer zur gleichen Firma gehört, trägt denselben Dress. Die Zürcher Kirchenordnung etwa sieht vor, dass die Pfarrer und Pfarrerinnen «in der Regel» einen Talar tragen sollen. Die Reformatoren Heinrich Bullinger und Ulrich Zwingli legten demgegenüber den Akzent eher auf den einen Inhalt der Botschaft. Und darauf, dass sie nicht Hohepriester der Religion, sondern «Diener» einer göttlichen und darum fremden Botschaft zu sein hatten. Auch ihre Kleidung sollte hier kein Missverständnis aufkommen lassen. Immerhin: Die Zürcher Kirchenordnung erlaubt auch ihnen zu predigen – wenn auch nicht regelmässig.

Zugegeben: Die grossen Reformatoren, die durch ihr wortmächtiges Auftreten und ihre Schriften in die Geschichtsbücher eingegangen sind, waren Männer. Kein Wunder: Zu den hohen Bildungsstätten, an denen man Latein lernte und damit den Schlüssel zur Gelehrtenwelt und zu den Druckereien Europas erhielt, hatte nur ein sehr kleiner Teil der Bevölkerung Zugang. Und der war männlich – sieht man einmal von den Frauen höheren Stands ab, die Privatunterricht erhielten. Wer der Reformation fehlende Gendersensibilität vorwirft, sei allerdings erinnert: Auch das oft gefeierte Zeitalter der Aufklärung änderte an der Situation zunächst wenig. Erst 1864 erlaubte die Universität Zürich (nicht zufällig die Universität Zwinglis) als Pionierin in der Schweiz Frauen den Zugang zum Studium. Bis zum Stimm- und Wahlrecht der Frauen vergingen dann noch einmal mehr als hundert Jahre.

Wussten Sie,
dass die Reformation wesentlich von Frauen ausgelöst wurde?

Aber auch ohne Gleichstellungspolitik war die Reformation keine reine Männerangelegenheit. Bildliche Darstellungen, auf denen beispielsweise Bäuerinnen Mönche mit Mistgabeln verjagen, machen dies deutlich. Ebenso die vielfältigen schriftlichen Zeugnisse, die wir von und über Frauen in der Reformationszeit haben, und in denen Frauen in ganz unterschiedlichen Rollen vorkommen. Da gibt es die ungebildete Täuferin, die wegen Widerstands gegen die Obrigkeit ins Gefängnis musste. Oder die Königin, die Hunderte von Protestanten – Männer wie Frauen – blutig hinrichten liess, um die katholische Religion und ihren Thron zu sichern. Es gibt die gebildete Reformatorin, die mutig und weitherzig für ihre Überzeugung eintrat und sogar die Grabrede für ihren eigenen Ehemann hielt, und die Reformatorenfrau, die gleich mit drei grossen Reformatoren nacheinander verheiratet war und ihren letzten Mann im Exil pflegte. Es gibt die zahllosen Nonnen, die ihre Klöster aus Überzeugung verliessen, um sich im Dienst an den Bedürftigen nützlich zu machen, und die ihre Kinder im reformierten Glauben erzogen: die erste Generation. Und es gibt die heimliche Priestergeliebte, die nun erstmals eine Chance auf ein anderes Leben für sich und ihre Kinder bekam.

Alle waren sie von der Reformation betroffen, und alle gestalteten sie die Vorgänge der Zeit in ihrer Weise und an ihrem Wirkungsort mit, im Guten wie im Schlechten. Nicht durch Bücherschreiben wird die Welt gestaltet und manchmal auch verändert, sondern durch das Denken, Wollen und Tun vieler Menschen. Die Hälfte davon war auch in der Reformationszeit weiblich.

Wussten Sie,
dass die Reformations-geschichte spannender als jeder Tatort ist?

Ein Journalist schrieb kürzlich über den Zürcher Reformator Ulrich Zwingli: «Am 11. Dezember 1518 wurde Zwingli von den Chorherren einstimmig zum neuen Leutpriester gewählt.» Einstimmig? Als Reformationshistoriker packt mich die Neugier, und ich beginne zu ermitteln.

Der Blick in die Zwinglibiografien der letzten Jahre hilft mir nicht weiter. Dafür werde ich in der englischen Biografie des Historikers Potter aus dem Jahre 1976 fündig. Da steht: «By 17 votes to 7.» Also doch nicht einstimmig! Leider nennt Potter keine Quelle für sein Wissen. Das Protokoll meiner weiteren Untersuchung in früheren Zwinglibiografien: «Mit 17 von 24 Stimmen» (Schmid Clausing, 1965, ohne Quelle), «17 gaben ihm die Stimme» (Farner,

1946, ohne Quelle), «Mit 17 von 24 Stimmen» (Egli, 1909, ohne Quelle), «Siebzehn von vierundzwanzig Stimmen» (Staehelin, 1895, ohne Quelle), «Mit 17 von 24 Stimmen» (Finsler, 1873, ohne Quelle), «mit 17 Stimmen» (Rothenmund, 1818, ohne Quelle), «Mit 17 Stimmen dazugewählt» (Nüscheler, 1776, ohne Quelle).

Ich bin nun auf der Zeitachse 250 Jahre nach der Reformation angelangt und mache einen Sprung: Nur wenige Jahrzehnte nach der Wahl Zwinglis schrieb Bullinger in seiner Reformationsgeschichte ausführlich über deren Verlauf. Er nennt namentlich sieben Leute, die sich für Zwingli ausgesprochen haben. Darüber, wer sonst noch von den vermutlich vierundzwanzig Chorherren Zwingli seine Stimme gab, schweigt auch er. Und auch die wenigen Briefe Zwinglis vom Dezember 1518 und Januar 1519 helfen nicht weiter. Belegt ist aber, dass der Nuntius des Kardinals Zwingli vier Tage vor der Wahl Mut zusprach: «Die Mehrheit und die Einflussreichsten der Chorherren sind auf deiner Seite!»

An diesem Punkt stelle ich meine Ermittlungen ein. Niemand soll meinen, dass ein Universitätsprofessor unendlich viel Zeit hat, derart nebensächlichen Dingen nachzugehen. Aber: Was bei solchen Kleinigkeiten im Verlauf der Zeit passiert, passiert auch bei Urteilen über ganze Lebenswerke von Menschen, über Ideen und Werte. Was lernen wir daraus? Erstens: Geschichte ist spannender als jeder Tatort und jeder kann selbst Ermittler sein. Zweitens: Was einen wissenschaftlichen Historiker von einem «gewöhnlichen» Menschen unterscheidet, ist weniger, dass der erste sehr viel mehr weiss, sondern eher, dass er besser weiss, was man eigentlich nicht weiss. Aber nicht immer unterscheiden sich Historiker von gewöhnlichen Menschen.

Am 28. April 1523 geschah in der Kirche von Witikon, einem Bauerndorf südöstlich von Zürich, etwas Besonderes: Nach gelesener Messe lud der Priester die Gemeinde zu seiner eigenen Hochzeitsfeier ein. Ein Jahr nachdem Zwingli und seine Kollegen vom Bischof die kirchliche Freigabe der Priesterehe gefordert hatten, schritt der Witikoner Dorfpfarrer Wilhelm Reublin zur Tat. Andere folgten, Zwingli selbst erst ein Jahr später. Der Rat musste nun handeln.

Für Reublin gehörten die Ablehnung der Heiligenverehrung, Bekenntnischristentum und soziale Gerechtigkeit zusammen. In Schwerzenbach predigte er gegen die Ausbeutung der Bauern durch die Landvögte, und 1525 stritt er mit Zwingli öffentlich über die Kindertaufe. Dass er für Zürich untragbar wurde, liegt auf der Hand. Schon aus Basel war er wegen seiner Radikalität vertrieben worden. Auch aus Hallau musste er bald fliehen, nachdem er dort fast die gesamte Einwohnerschaft getauft hatte. Nicht besser ging es ihm in Strassburg und in Esslingen, seinen beiden nächsten Stationen.

Von habsburgischen Truppen verfolgt und mehrfach nur knapp dem Tod entronnen, von Folter und Kerkerhaft körperlich gezeichnet, aber begleitet von seiner Frau und von Freunden, begab sich Reublin schliesslich nach Mähren im heutigen Tschechien. Wenigstens im Kleinen wollte er nun eine reine christliche Gemeinde aufbauen, geprägt von Liebe und vollkommener Gütergemeinschaft. Aber auch hier gab es bald Probleme. Machtkämpfe mit diktatorischen Gemeindeleitern folgten. Und als man bei ihm 24 Goldstücke Privatbesitz fand, wurde er aus der Gemeinde ausgeschlossen, was ihn zur Rückkehr in sein Heimatgebiet nötigte. Reublin war gleich alt wie Zwingli, und er hatte sich etwa gleich lange für die Reformationsbewegung eingesetzt. Während die meisten seiner Freunde und Mitstreiter jedoch frühzeitig ihr

Leben lassen mussten, wurde ihm ein langes Leben beschieden. Und später scheint er ein wenig zu den Anfängen zurückgekehrt zu sein: Er nahm mit Heinrich Bullinger, der ihn noch aus dem Züricher Täuferstreit von 1525 kannte, wieder Kontakt auf, betätigte sich als Botschafter in dessen Dienst und stellte Kontakte zwischen Zürich und Mähren her.

Wo Reublin schliesslich seinen Lebensabend verbracht hat, ist ungewiss. War er ein Utopist, ein wankelmütiger Träumer, wie oft gesagt wurde? Gescheitert sind seine Visionen allemal. Aber ob ohne solche Schwärmer die Reformation überhaupt in Gang gekommen wäre? Oekolampad in Basel und Zwingli in Zürich haben jedenfalls bei ihrer Sache von Reublin profitiert.

Wussten Sie,
dass Utopisten für die Reformation wichtig waren?

Jedenfalls war dies die Meinung des Reformators Ulrich Zwingli. Aber war die Reformation nicht eine sehr ernste Sache? Hier ging es ja um den Kampf gegen «Sünde, Tod und Teufel», wie Luther es formulierte, und viele Protestanten, und erst recht Täufer und andere Minderheiten, hatten wenig zu lachen – auch in der Eidgenossenschaft. Wenn nicht gerade Hinrichtungen angesagt waren, so prägten doch Beschimpfungen und Drohungen das Klima. Und mittendrin als kämpfender, aber immer wieder auch lachender Mensch der Reformator Ulrich Zwingli. Harmlose Scherze, Witze über andere, Ironie und Lachen über sich selbst; oder auch getroste Fröhlichkeit inmitten von Anfeindungen. All dies findet man beim Zürcher Reformator wie bei keinem anderen seiner Mitstreiter oder Gegner.

Natürlich ist Humor Geschmacksache. Etwa wenn Zwingli bei der Erklärung des Sündenfalls Adam (ein wenig) entschuldigt mit dem Hinweis: Schliesslich sei er ja nur Eva gehorsam gewesen, als sie ihm den Apfel zu essen gab, wie sich dies für jeden verheirateten Mann gehört. Oder wenn er Luthers Ernst ein bisschen auf den Arm nimmt: In einer Polemik gegen Zwingli hatte der feierlich, aber etwas unglücklich formuliert: «Wenn ich etwas anderes sagen würde, dann wäre es unrecht und vom Teufel eingegeben. Dazu helfe mir mein Herr und Heiland!» Zwingli kommentierte: «Luther spricht wie jener Pfarrer, der, nachdem er seine Schäflein übel bescholten hat, seine Predigt mit den Worten schliesst: ‹Und wenn ihr euch nicht ändert und ich auch nicht, so sind wir gemeinsam des Teufels. Dazu helfe uns Gott, Vater, Sohn und Heiliger Geist.›» Den humanistischen Gelehrten, die sich so viel auf ihre Selbsterkenntnis und Gotteserkenntnis einbildeten, hielt er entgegen: «In der Selbsterkenntnis ist der Mensch etwa so erfolgreich wie ein Tintenfisch, der sich seine Sicht selbst vernebelt, und von Gott weiss er so viel wie ein Käfer von einem Menschen.»

Wussten Sie,
dass Lachen ein Zeichen des göttlichen Geistes ist?

Auch sich selbst hat Zwingli öfter ironisch charakterisiert als ungelenken Bauernsohn, der eben nicht recht weiss, wie man erlauchte Fürsten und geistliche Würdenträger richtig anredet. Nicht immer haben Zwinglis Gegner seinen Humor verstanden. Ironie setzt die Fähigkeit zur Distanz voraus. Zwingli besass diese Fähigkeit, weil er die Streitigkeiten, in die er selbst verwickelt war, letztlich im Licht des «Evangeliums» sah, der «fröhlichen Botschaft», die alle menschlichen Perspektiven überragt. Wer sie versteht, kann kein humorloser Mensch sein. Ein Christenmensch mit zusammengebissenen Zähnen ist ein Widerspruch in sich selbst. Für Zwingli war Fröhlichkeit geradezu ein Kriterium dafür, ob jemand die Bibel richtig verstanden hat. Denn: «Die Wahrheit hat ein fröhliches Antlitz!»

Wussten Sie,
dass die Reformatoren den Bischof durch den Minister ersetzt haben?

In der Tagesschau sind schwarze Limousinen zu sehen, die vor einem Luxushotel vorfahren. Wieder einmal ein Treffen ranghoher Minister irgendwo in Europa. Auch in der Reformationszeit war «Minister» ein oft verwendetes Wort, allerdings mit kritischem Unterton gegen Würdentitel und Herrschaftsansprüche. In den reformierten Kirchenordnungen hat man das Bischofs- und das Priesteramt abgeschafft und dafür ein Amt eingeführt, das auf Latein «minister» hiess und Deutsch schlicht und einfach «Diener» heisst.

Bis heute ist ja das reformierte Pfarramt das «Dienstamt» am göttlichen Wort. Nun hat aber die Reformation das «göttliche Wort» neu entdeckt als Jesus Christus in Person, in dem sich Gott, die Quelle allen Lebens und alles Guten, den Menschen als Mensch zugewendet hat, und dies, das ist die Pointe des Christentums, die es von anderen Religionen scharf unterscheidet: nicht als Herrscher, sondern um ihnen zu dienen (vgl. Markusevangelium Kapitel 10). So sind reformierte Kirchenordnungen stets Dienstordnungen. Sie handeln von den Diensten des administrativ tätigen Personals in verschiedenen Aufgaben.

Mit Berufung auf den Apostel Paulus konnte Bullinger dann auch die politische Obrigkeit als Dienerin Gottes (vgl. Römerbrief Kapitel 13) bezeichnen. Bei diesem Gott kann ihr christliches Ministerium natürlich nur lauten: Dienst an der menschlichen Gemeinschaft und Sorge für Gerechtigkeit, Frieden und Wohlergehen der Menschen. Und noch in einem dritten Bereich begegnet derselbe Gedanke: Nach Bullinger ist der Dienst auch die Grundregel und das Geheimnis einer christlichen Ehe. In seiner Schrift über die Ehe stellt er das Bibelwort ins Zentrum: Einer trage die Last des anderen (Galaterbrief Kapitel 6)! Und er erläutert ausführlich, wie dies im konkreten Ehealltag aussehen könnte.

Allerdings: Nur zu leicht kann der eigentliche Sinn des klingenden lateinischen Worts «minister» in Vergessenheit geraten. Vermutlich deshalb sieht sich Bullinger genötigt, sowohl die Obrigkeit als auch die Eheleute immer wieder an diesen eigentlichen Sinn zu erinnern. Im Blick auf den Dienst in der Kirche verwendet er Bilder, die den schwarzen Limousinen der europäischen Minister in nichts nachstehen. So greift er auf das alte Bild der Kirche als Schiff auf den Wogen der Zeit zurück, um einzuschärfen: Die Würde der Minister besteht darin, hier als «Ruderknechte» tätig zu sein! Wem dies zu wenig der Ehre ist, soll bedenken: Wer auch noch für den Wind in den Segeln zuständig sein will, kann sich leicht übernehmen.

Wussten Sie,

dass das Zürcher Zwinglidenkmal gar kein Zwinglidenkmal ist?

Täglich wird sie von unzähligen Touristen fotografiert: Die Zwinglistatue neben der Wasserkirche in Zürich. In der einen Hand die Bibel, in der anderen das Schwert, schaut der Reformator majestätisch in Richtung katholische Innerschweiz. «Der Ausdruck begeisterter Überzeugung in dem Kopfe des Reformators stimmt prächtig zu der Art, wie die gefalteten Hände auf dem Schwerte ruhn», so beschrieb das «Preisgericht» die Statue, mit der sich der österreichische Bildhauer Heinrich Natter 1882 am Bildhauerwettbewerb um eine Zwinglistatue beteiligte. Natters Entwurf siegte über mehr als vierzig Konkurrenzentwürfe. Sie zeigten kniende Männer mit Schwert und Fahne und trugen Titel wie «Gott und Vaterland», «Freiheit, Licht», «Hochherzig und unerschrocken» oder «Nicht vergeblich trug er das Schwert».

Die Titel verraten den Geist der Zeit: Das 19. Jahrhundert war das Jahrhundert des Denkmals. Zählte man um 1800 in Deutschland 18 öffentliche Standbilder, so waren es 1885, im Jahr der feierlichen Einweihung der Zwinglistatue, mindestens 800.

Wichtig war bei allen Statuen, dass das «Postament», der Sockel, hoch genug war, damit der dargestellte Held deutlich über dem Fussboden der gewöhnlichen Menschen stand. In der Gestalt flossen Motive von antiken Halbgöttern mit der Herrschersymbolik der gegenwärtigen Machthaber zusammen. Schönheit und Jugend, Kraft, Mut und Entschlossenheit sollten sich in Bronze harmonisch verbinden und an öffentlichen Plätzen monumentale Herrschergestalten wie Friedrich den Grossen oder Maria Theresia, aber auch kulturelle Genies wie Haydn, Goethe und Schiller darstellen. Natürlich sollten sie unerschütterliche Selbstsicherheit und die Führerqualitäten ausstrahlen – in Zeiten des politischen Umbruchs und der sozialen Krisen des späten 19. Jahrhunderts.

Nicht zum ersten und nicht zum letzten Mal schwappte der deutsch-österreichische Zeitgeist bis in die Schweiz. Im katholischen Stans wurde 1865 ein martialisches Winkelrieddenkmal aufgestellt, in Basel 1881 ein St. Jakobs-Denkmal. Da konnten die stolzen Zürcher Reformierten nicht zurückstehen. Zwar hatten sie keine Fürstenhäuser oder historischen Schlachtfelder, aber einen Reformator von Rang! Immerhin verbot es die zwinglianische Bescheidenheit, ihn auf ein Pferd zu setzen. Auch die Bibel hat man ihm nicht wegzunehmen gewagt, die einzige blasse Erinnerung an seine Botschaft. Vielleicht tut ja im Reformationsjahr 2019 jemand «etwas Tapferes» und sagt sich: 134 Jahre sind genug.

1553 schickte Wolfgang Waidner, Mitglied des Reichskammergerichts im deutschen Worms, einen silbernen Becher und 50 Taler an den Zürcher Reformator Heinrich Bullinger. Die Geschenke waren als Dank für dessen Schriften und seine Beratung gedacht. Bullinger, der den Becher und die Taler für seine grosse Familie gut hätte gebrauchen können, verweigerte die Annahme. In einem Brief erklärte er sich gegenüber Waidner: Seit 1522 hätte der Zürcher Rat die Annahme von Geschenken von Fürsten, Städten oder ausländischen Persönlichkeiten verboten, da eine solche Kultur der Bestechung in der Zeit vor der Reformation zu viel Streit und Unfrieden geführt habe. Der Rat war in der Tat unerbittlich: Auf die Annahme solcher Geschenke stand die Todesstrafe.

Wussten Sie,
dass in der Reformation auf die Annahme von Geschenken die Todesstrafe stand?

Bullinger hat öfter kostbare Geschenke erhalten – und er hat sie allesamt zurückgeschickt. Oder aber gleich dem Rat übergeben mit Verwendungszweck Armenfürsorge oder kirchliche Aufgaben. Mit einer Ausnahme: der Pokal, den ihm der Kurfürst von der Pfalz Friedrich III. als Dank für das «Zweite Helvetische Bekenntnis» schickte. Auch diesen Pokal hat Bullinger allerdings nur behalten, weil ihm dies der Rat ausdrücklich befohlen hatte. (Übrigens, die von Bullinger verfasste Bekenntnisschrift ist weltweit die bekannteste überhaupt und feierte 2016 ihren 450sten Geburtstag.)

Die Kultur im Umgang mit Geschenken, wie wir sie seit der Reformation kennen, wirkt unbewusst bis heute nach. Ein persönliches Beispiel: Als mir einmal eine Doktorandin aus dem fernen Ausland beim ersten Gespräch ein kleines Geschenk mitbrachte, war ich überrascht, gerührt und irritiert zugleich. Es war ein Freundlichkeitserweis ganz ohne Hintergedanken – aber wohl kaum ohne Hintergrundkultur. Keiner und keine meiner Zürcher Studierenden ist bislang je auf die Idee gekommen, mir auch nur ein wenig Schokolade mitzubringen, trotz gelegentlich grösserem Beratungsaufwand. Plötzlich fielen mir Länder ein, in deren Spitälern eine gute Behandlung nicht ohne Geschenke an das Personal gewährleistet ist und wo bei der Vergabe von Studienplätzen Freundlichkeitserweise der Kandidaten immer nützlich sind. Es sind nicht «reformierte» Länder. Klar, nicht alles, was vor 450 Jahren notwendig schien, ergibt heute noch Sinn. So ist die Todesstrafe von damals heute Gott sei Dank abgeschafft. Über das zwinglianische Zürich oder die rigide Moral der reformierten Tradition mag ich trotzdem nicht schimpfen. Schliesslich werde ich für meinen Job ordentlich bezahlt, so wie mein Arzt und auch die Frau vom Steueramt ein faires Gehalt für ihre Arbeit erhalten. Der Rest ist Ehrensache.

Wussten Sie,

dass die Reformation auch die Korruption bekämpfte?

An einer Tagsatzung zu Beginn der Reformation. Nach dem Eid auf den dreieinigen Gott schritten die Delegierten der eidgenössischen Orte zum zweiten Traktandum: Wie viele junge Krieger sollen in die Kriegsgebiete Europas entsandt werden?

Natürlich schickten die Eidgenossen die Söldner zu jenen Warlords, die am meisten für sie zahlten. Auch der Papst war solch ein Warlord, der mit seiner Schweizergarde die kriegerischen Dienste in Anspruch nahm. Das Geld dafür, sogenannte Pensionen, floss wiederum in die Privatkassen der Politiker der Alten Eidgenossenschaft.

Ein Staat, der offiziell von Menschenhandel und Korruption lebte, mitten in Europa: Das war die christliche Schweiz vor rund 500 Jahren. Wer Kritik übte, dem wurde entgegnet, dass es um die Wirtschaft und den Wohlstand gehe; wovon wiederum alle profitieren würden. Und überhaupt: Wenn wir es nicht tun, dann tun es andere.

Aus den Fängen dieser Hydra musste sich auch der Reformator Ulrich Zwingli erst einmal befreien. Dann aber scheute er sich nicht, den Missstand beim Namen zu nennen: Korruption. Fortan versuchte Zwingli, die Schweizer von diesem zerstörerischen Irrweg abzubringen: «Ich hoffe, dass die korrupten Pensionenbezüger, aber auch die Kriegsknechte erkennen, wie furchtbar es ist, dass einer für Geld einen braven Mann, der ihm nichts zuleide getan hat, unter den Augen von Frau und Kindern totschlägt und sein Heim niederbrennt.» Aber auch in der Kirche gab es Korruption: Ämter konnten gekauft werden, und die zahlreichen Väter unter den Priestern blieben unbehelligt, sofern sie regelmässig für ihre Kinder bezahlten – allerdings nicht an die Mütter, sondern an den Bischof. Und auch der exorbitant hohe Preis für die Kerzen, welche die Gläubigen für ihre Gebete kaufen mussten, war ein einträgliches Geschäft. Zwingli appellierte an die Eidgenossen: «Bestechung macht auch die Weisen blind und verdreht die Worte der Rechtschaffenen.»

Die heutige Wissenschaft definiert Korruption als «destruktiven Akt der Verletzung des allgemeinen Interesses zugunsten eines speziellen Vorteils». Zwingli hatte vor 500 Jahren das Übel einfacher auf den Punkt gebracht: Eigennutz vor Gemeinnutz! Korruption ist kein Privileg der Mächtigen. Vielmehr ist sie ansteckend und dringt in den Alltag der Menschen ein. Dabei zerstört sie das Fundament, auf dem jede menschliche Beziehung und jede funktionierende Gesellschaft steht: Vertrauen. Wer verstehen will, was Zwingli, der erste «Reformierte», unter Sünde versteht, sollte nicht an Sexualität oder verbotene Würste denken. Wohl aber an Korruption in all seinen Formen.

Streng und entschlossen stellt ihn das Genfer Reformatoren-denkmal dar, den Reformator Johannes Calvin. Ein unerbittlicher Kämpfer für Gottes Recht und Ehre. Eine alle an Grösse überragende Führergestalt. Ein Lächeln, ein verstohlener Blick zu seinem Denkmalnachbarn zur Linken, dem Reformator Wilhelm Farel, wäre hier fehl am Platz.

Das Bild aus der frühen katholischen Polemik fand seinen Weg in die Schulbücher und in unsere Köpfe. Calvin selbst sah sich anders: Er sei, so schrieb er einmal, kein wirklich mutiger Mensch, von Natur aus eher schüchtern und ängstlich. Und: In allen entscheidenden Phasen seines Lebens habe er mehr auf Drängen seiner Freunde als durch eigenen Antrieb gehandelt.

Wussten Sie,
dass es ohne Calvins Freunde keinen Calvinismus gegeben hätte?

In der Tat: Es war ja der französische Reformator Genfs, Wilhelm Farel, Missionar in Zwinglis Diensten, der Calvin mit kräftigen Worten geradezu nach Genf befohlen hatte. Und nachdem der Genfer Rat Calvin aus der Stadt gewiesen und ihn drei Jahre später dringend gebeten hatte, wieder zurückzukehren, waren es wieder Calvins Freunde, auch der Zürcher Heinrich Bullinger, die ihn so lange bearbeiteten, bis er dem Ruf endlich nachgab. Dies war auch nötig: Calvin selber wollte lieber gekreuzigt werden, als in die zerstrittene Rhonestadt zurückzukehren. Auch in den Konflikten, die dort folgten, war er auf Unterstützung durch seine Freunde angewiesen.

Immer wenn es brenzlig wurde, kamen Pierre Viret aus Lausanne und Wilhelm Farel aus Neuenburg angeritten und stellten sich buchstäblich an Calvins Seite, wenn er vor dem Genfer Rat seine Sache vertreten musste. Farel konnte bei dieser Gelegenheit den Genfern gehörig ins Gewissen reden: Man solle den armen Meister Calvin gefälligst etwas freundlicher behandeln, er sei schliesslich ein gottesfürchtiger Mensch, der sich redlich abmühe. In allen wichtigen Phasen und Entscheidungen standen Calvins Freunde ihm zur Seite. Sein bester Freund Wilhelm Farel sass dann auch an seinem Sterbebett, selber schon fünfundsiebzig Jahre alt.

Weder Calvin noch ein anderer Schweizer Reformator war ein religiöser Diktator, der im Alleingang eine Stadt «reformieren» und unliebsame Gegner eliminieren konnte. Alle waren sie städtische Angestellte und Auftragsempfänger mit drei Tagen Kündigungsfrist, dem wechselnden politischen Klima ihrer Zeit vollständig unterworfen. Zum Glück waren sie nicht so einsam, wie wir oft denken. Ohne Calvins Freunde hätte es wohl keinen weltweiten Calvinismus gegeben.

Die Reformierten. Zunehmend legen sich Kirchen der Schweizer Reformation dieses griffige Label zu. Aber was ist mit «reformiert» eigentlich gemeint? Sind Protestanten auch reformiert? Und Lutheraner nicht – oder doch auch?

Gemeinsam ist den Bezeichnungen, dass sie ursprünglich Etiketten von fremder Hand sind. Der Titel «lutherisch» wurde zunächst als Schimpfwort von den Katholiken gebraucht zur Bezeichnung einer neuen Sekte. Luther selbst hat sich zuerst gegen solche «Lästermäuler» gewehrt. Später haben er und viele seiner Anhänger den Namen akzeptiert und selbst verwendet, sozusagen aus Trotz: «Wir Lutherischen!»

Auch die Bezeichnung «protestantisch» war ein Schimpfwort: Sie geht auf den Reichstag in Speyer 1526 zurück. Dort haben einige Landesfürsten gegen diskriminierende Religionsbeschlüsse «protestiert». Der Titel bürgerte sich bald ein und wurde besonders in Frankreich üblich. Dort entstand bekanntlich auch ein anderer Spottname: die Hugenotten. Der Reformator Beza berichtet, dass erstmals die Protestanten in Tours so genannt wurden. Weil ihr Glaube verboten war, trafen sie sich heimlich nachts und schlichen durch die Strassen der Stadt, wie der Sage nach das Gespenst eines längst verstorbenen Königs Hugo. Bald wurde auch der Name Hugenotte zu einer stolzen Selbstbezeichnung.

Die Herkunft des Worts «reformiert» ist leichter zu erraten. Es wurde denen angehängt, die die Kirche grundlegend reformieren wollten: die ursprüngliche, unverdorbene Form der christlichen Gottesverehrung wiederherstellen. Auch die Anhänger Luthers wurden zunächst als «reformiert» bezeichnet. Schliesslich grenzte sich das Luthertum aber als eigene Konfession gegen alle anderen ab und machte damit auch die Reformierten zu einer solchen Konfession. Und wer davon ist jetzt nun «evangelisch»? Wenn es ein Wort gibt, das alle von Anfang an gerne zur Bezeichnung

Wussten Sie,
dass die Reformierten auch «evangelisch» sind?

ihrer Sache gebraucht haben (sogar die Katholiken!), dann ist es «evangelisch». Auch Schimpfworte und Parteiengezänk haben nicht ganz vergessen lassen, dass die Reformation ja an das «Evangelium», an die «frohe Botschaft» von der bedingungslosen Liebe Gottes zu allen Menschen erinnern wollte – also an den Kern und Ursprung des Christentums überhaupt. Jede zusätzliche «Sekten-bezeichnung» kann das ja nur verdunkeln. Schade eigentlich, dass manche «reformierten» Schweizer Kirchen ausgerechnet das «evangelisch» aus ihrem Namen gestrichen haben.

Natürlich hatten nicht alle Reformatoren in der Schweiz ausländische Wurzeln: Der St. Galler Joachim Vadian war ein echter St. Galler, obwohl er zeitweise als Rektor der Universität Wien amtete. Und auch der Bündner Reformator Johannes Comander wirkte an seinem ursprünglichen Heimatort. Die Regel aber ist anders: Der Reformator Zürichs war kein Zürcher, derjenige Berns kein Berner, derjenige Basels kein Basler, derjenige Genfs kein Genfer, derjenige Neuenburgs kein Neuenburger und derjenige Lausannes kein Lausanner. Alles zusammen aber war: die Schweizer Reformation. Typisch Schweiz eben, schon damals.

Ulrich Zwingli stammte aus dem Toggenburg und war damit nicht einmal ein vollwertiger «Eidgenosse». Dafür liebte er die Eidgenossen umso mehr. Zürich war für ihn die Operationsbasis für seine gesamteidgenössische Mission. Sein Zürcher Pfarrkollege und Freund Leo Jud war Elsässer. Dies trifft auch für Wolfgang Capito zu, den Verfasser des Berner Synodus, der ersten staatlichen Berner Kirchenordnung von 1532. Die Disputationsthesen zur Reformation in Bern 1528 wurden verfasst vom Württemberger Berchtold Haller und von Franz Kolb, der aus dem Badischen kam.

Der berühmteste Berner Reformator, Wolfgang Musculus, stammte aus Lothringen. In Basel war Zwinglis gelehrter Württemberger Freund Johannes Oekolampad als Reformator am Werk. Und in der französischen Schweiz war der umtriebige Wilhelm Farel aus der französischen Dauphiné unterwegs, um als Zwinglis Missionar im Westen Genf und Neuenburg der Reformation zuzuführen.

In Lausanne wurde er unterstützt durch Pierre Viret aus dem waadtländischen Orbe, damals ein von Bern und Freiburg verwaltetes Untertanengebiet. Der Genfer Reformator Johannes Calvin stammte bekanntlich aus der Picardie in Nordfrankreich. Im Streit mit dem in Lausanne tätigen Pfarrer André Zébédée warf er diesem einmal vor, ein übertriebener Zwingliverehrer zu sein, denn Zébédée wollte, anders als Calvin, den Bernern gegenüber gehorsam sein. Zébédée war Belgier. Die Zürcher «Hohe Schule» schliesslich, die 1532 ins Leben gerufene Vorläuferin der Zürcher Universität, war so international, wie es letztere heute ist.

Die europaweit berühmteste Persönlichkeit, die dort neben dem Elsässer Konrad Pellikan und dem Thurgauer Theodor Bibliander lehrte, war der aus Florenz stammende Italiener Peter Martyr Vermigli. Zum Glück sprach man damals fliessend Latein, sonst wäre schon das Streiten schwierig geworden.

Wussten Sie,
dass die Schweizer Reformation eine europäische Angelegenheit war?

Es war Leo Jud, Zwinglis Freund und Pfarrer an der Kirche St. Peter in Zürich, der am 1. September 1523 predigte, dass man in der Kirche eigentlich die «Götzen abtun» sollte. Gemeint waren damit Reliquien, Statuen, Kelche, Kruzifixe und Monstranzen, die verehrt wurden, weil ihnen göttliche Kraft zugeschrieben wurde, oder auch Heiligenbilder, vor denen man niederkniete, um die entsprechenden Heiligen anzurufen und ihnen – damals für teures Geld – ein Kerzenopfer zu bringen.

Wenige Tage später drangen Handwerksgesellen in die Kirche St. Peter und ins Fraumünster ein, zerstörten Altarbilder und heilige Geräte und trieben mit dem Weihwasser Schabernack.

Wussten Sie,
dass die Froschauer-Bibel reich bebildert ist?

Auf dem Land gehörten kultische Gegenstände aus Silber und Gold oft dem örtlichen Kloster. Sie waren finanziert durch die Abgaben, die die Bauern dem Kloster geben mussten. Deshalb vermischte sich die religiöse Ablehnung der Heiligenverehrung mit dem Protest gegen die wirtschaftliche Ausbeutung durch die Klöster. Dass in manchen Dörfern mit dem «Abtun der Götzen» nicht lange gezögert wurde, als der Dorfpriester den römischen «Götzendienst» kritisierte, versteht sich von selber.

Die Grenze zwischen Reformation und Revolution drohte fliessend zu werden, was den Zürcher Rat zwang, Entscheidungen zu treffen, um Chaos zu verhindern. Für die Stadt Zürich wurde im Frühjahr 1524 verfügt, dass alle Bilder und Statuen, die verehrt wurden, fachgerecht von einem Handwerker abgenommen werden sollten. Hingen Bilder aber so hoch, dass man nicht vor ihnen niederknien konnte, so durften sie hängen bleiben, das jedenfalls war Zwinglis Ratschlag. Von einem Verbot von privaten Kunstsammlungen ist nichts bekannt. Auch wurden religiöse Bilder ihren Stiftern zurückgegeben. Konnten diese nicht ausfindig gemacht werden, wurden die Bilder verkauft und der Erlös floss in die neue Armenkasse mit der Begründung, dass die Armen die wahren Bilder Gottes seien.

Zwingli kämpfte nicht gegen Bilder jeglicher Art, nicht einmal gegen religiöse. Wohl aber dafür, dass man nicht aus einem Stück Welt einen Götzen macht. Sogar die biblischen Geschichten durfte man seiner Ansicht nach durchaus illustrieren, um sie so dem Volk einprägsamer zu präsentieren. So ist beispielsweise die bekannte Froschauer-Bibel von 1531 reich bebildert. Dort sind nicht nur die biblischen Menschen zu sehen, sondern auch Gott, wie er die Menschen erschafft und im Paradies spazieren geht.

Wussten Sie,

dass Zwingli ein Liebhaber zeitgenössischer Musik war?

Als Ende 1518 die Chorherren Zwinglis Eignung für das Leut-priesteramt am Zürcher Grossmünster diskutieren, stand ein Vorwurf im Raum: Zwingli sei kein ernsthafter religiöser Mensch, denn dafür liebe er die Musik zu sehr.

In der Tat: Zwingli hat eine ganze Reihe von Instrumenten gespielt, er hat Lieder komponiert und zum Lautenspiel gesungen. Es waren eher zeitgenössische Weisen als gregorianische Gesänge. Auch später haben ihm katholische Gegner zum Vorwurf gemacht, seine Zeit mit weltlichen Vergnügen wie Lauten-, Geigen- und Flötenspiel zu verbringen. Zwingli bezeichnete sie als «unverstän-dige Esel». Zur Erbauung und Aufheiterung des Gemüts sei die Musik eine Gabe Gottes.

Lautet der Vorwurf aber nicht, dass Zwingli die Musik aus dem Gottesdienst verbannt habe? Zur damaligen römischen Messe gehörte der Chorgesang: Chorknaben sangen zur Liturgie passende Psalmen vor, in lateinischer Sprache und für die Gemeinde unverständlich. Zwingli wollte, dass die Gemeinde versteht, was sie feiern und glauben soll.

So stand in seiner neuen Gottesdienstliturgie die Bibelauslegung im Zentrum. Auch sollte sich die Gemeinde am Gottesdienst aktiv beteiligen. Dafür hatte Zwingli vorgesehen, dass die Gemeinde Psalmentexte in der Volkssprache im Wechsel sprechen sollte. Zum naheliegenden Schritt, im Gottesdienst Psalmen von der ganzen Gemeinde auch singen zu lassen, zur gemeinsamen Erbauung und Aufheiterung des Gemüts, ist Zwingli aber nicht mehr gekommen.

Anderswo ging es schneller voran. Kurz nach Zwinglis Tod verfasste sein Schüler Johannes Zwick in Konstanz ein erstes Liederbuch, das immerhin in Zürich gedruckt wurde. Bald wurde der Gemeindegesang in vielen reformierten Städten eingeführt. Rund um den Globus bekannt wurde der Genfer Psalter: Johannes Calvin hatte angeregt, die Psalmen in französische Reime zu setzen und zu vertonen, und namhafte Dichter und Komponisten, Glaubensflüchtlinge aus Frankreich wie er selber, nahmen sich dieser Sache an. Aus dem ursprünglich einstimmigen Gesang entstanden bald vierstimmige Sätze. Übersetzungen der Liedverse in andere Sprachen folgten. Von den Niederlanden über Kanada und Südafrika bis nach Japan wird heute jeden Sonntag aus dem Genfer Psalter gesungen. Stets geht es darum, durch Musik und gemeinsamen Gesang das menschliche Gemüt für Gott zu entflammen, wie Calvin formuliert hatte. Zwingli hätte seine Freude daran gehabt.

Martin Luthers Ausfälle gegen die Juden sind bekannt: Vertreiben soll man sie, ihre Häuser und Synagogen anzünden und dem Erdboden gleichmachen. Hässliche Texte, die neben Luthers Schriften stehen, in denen er von Gottes bedingungsloser Liebe zu allen Menschen und von Nächstenliebe spricht.

Luthers Verleumdungen gegen die Juden reichen in ihrer Tradition bis weit ins Mittelalter zurück – und auch andere Reformatoren nutzten sie rege. So lehnte der Reformator Heinrich Bullinger zwar Luthers Polemik gegen die Juden ab, übernahm aber in einem Gutachten kritiklos Klischees, um zu untermauern, dass es besser sei, die Juden nicht inmitten einer christlichen Stadt wohnen zu lassen. Zu viel offene Unchristlichkeit im Stadtzentrum könnte ansteckend sein. Damit teilt Bullinger die vorherrschende Meinung, dass die politische Obrigkeit auch für die öffentliche Religion – und somit für das Heil der Untertanen verantwortlich ist. Diese Ansicht stammt aus vorchristlichen Zeiten und prägt Europa bis ins 19. Jahrhundert hinein.

Es gibt aber Spielräume, wie nachfolgende Ereignisse zeigen. So kontaktiert der Zürcher Reformator Ulrich Zwingli den jüdischen Arzt Mosche aus Winterthur mit der Absicht, Hilfe in der hebräischen Sprache zu erhalten. Mosche zählt zu Beginn der Reformation zu den wenigen Juden, die nach Verfolgungen überhaupt noch in der Schweiz leben. Zwinglis Ziel ist es, dank dem jüdischen Arzt das Alte Testament in der Ursprache lesen zu können. Im Selbststudium hat es Zwingli bereits weit gebracht. Als sich Mosche in seine Vorlesung setzt, attestiert er dem Reformator gute Hebräischkenntnisse. Fortan setzt Zwingli alles daran, dass dem Alten Testament an der Zürcher «Hohen Schule», der 1525 gegründeten Hochschule, und somit in der reformierten Theologie eine grosse Bedeutung zukommt. Dass man Zwingli anschwärzt, er habe seine Lehre bei den Juden gelernt, kümmert ihn nicht.

Vielmehr ist sich Zwingli sicher, dass Gott, der in Christus allen Menschen sein Angesicht zuwendet, derselbe ist, der das jüdische Volk erwählt hat. Genfs Reformator Johannes Calvin beschreibt das Verhältnis von Altem und Neuem Testament später bildhaft: «Wie die Morgenröte den Mittag ankündet und es doch nur eine Sonne gibt.»

Ein ehemaliger Schüler Zwinglis, der Strassburger Reformator Wolfgang Capito, tritt dann sogar für relative Toleranz gegenüber Juden ein. Für die damalige Zeit ein aussergewöhnliches Zeichen.

Wussten Sie,
dass ein jüdischer Arzt den Reformator Zwingli in Hebräisch unterrichtete?

Am Pfingstmontag im Jahr 1539 herrschte auf dem Zürcher Grossmünsterhof reges Treiben. Wo sonst der Schweine-markt stattfand, wurden Bühnen für ein grosses Freilufttheater aufgebaut. 14 Jahre ist es her, seit in Zürich die Reformation ein-geführt wurde; die Stadt zählt 5000 Einwohner. Mindestens 66 von ihnen standen an Pfingstmontag auf der Bühne, denn so viele Rollen hat das aufgeführte Stück *Spiel von des Herrn Weinberg*. Geschrieben hatte das Stück der Zürcher Stadtarzt Jakob Ruf.

Theater spielte in der Reformationszeit eine wichtige Rolle. So leitete mit seinen papstkritischen Fastnachtsspielen Berns Re-formator Niklaus Manuel die Reformation ein. Auch Manuels Sohn schrieb Fastnachtsspiele mit derbem Humor zur Unterhaltung. In seinem 1548 im reformierten Bern aufgeführten Weinspiel traten denn auch Narren mit nicht eben salonfähigen Namen auf.

Zunehmend wurde die Bibel als Inspirationsquelle für das zeit-genössische Theater wichtiger. So handelte die Aufführung des Stücks Adam und Eva im Juni 1550 in Zürich von der ersten Zeit der Menschheit bis zur Sintflut. Die Aufführung dauerte zwei lange Spieltage, 112 Rollen waren zu besetzen: Neben Gott, der Schlange im Paradies und dem Tod auch 19 Engel und Teufel. In Genf setzte sich Calvin gegen einige Pfarrkollegen für eine ähnliche Theater-aufführung ein. Ebenfalls gepflegt wurde im reformierten Zürich das Schultheater – und dies auf hohem Niveau. So zeigten Studenten am 1. Januar 1531 den Plutos, eine Komödie von Aristophanes. Auf Griechisch natürlich, und die Begleitmusik stammte von Zwingli.

Am Neujahrstag 1545 fand in Zürich eine wohl sehr gut besuch-te Freilufttheater-Uraufführung statt. Gespielt wurde Wilhelm Tell; auch dieses Stück stammte von Stadtarzt Ruf. Es war an ein Tellenspiel angelehnt, das 1512 erstmals im katholischen Altdorf aufgeführt wurde. Ein Versuch, trotz konfessioneller Spaltung die eidgenössische Tradition zu stärken.

Wussten Sie,
dass die Reformierten lange Zeit für Theater sorgten?

Hundert Jahre nach der Reformation war dann Schluss : Das Theater in der Schweiz wurde verboten. Den Anfang machte 1616 das katholische Luzern, die Calvinstadt Genf folgte im Jahr 1617. Sieben Jahre später war auch im reformierten Zürich das Verbot beschlossene Sache. In katholischen wie in reformierten Orten fürchtete die Obrigkeit, dass die lasterhaften Charaktere, wie sie im aufkommenden Barocktheater zunehmend auftraten, auf das Publikum ansteckend wirken könnten. Zu diesem Zeitpunkt waren die Reformatoren allerdings längst tot.

bref

Das Magazin der Reformierten

Die Dinge
auf den
reformierten Punkt
gebracht.

Jetzt abonnieren.

In *bref* N° 9/2017:
Der reformierte
Gefängnisseelsorger
Frank Stüfen im
Interview über seine
Arbeit in der Zürcher
Justizvollzugsanstalt
Pöschwies.
Bild: Ruben Hollinger

www.brefmagazin.ch

Die verständliche und reich illustrierte Biografie des Zwingli-
Forschers Peter Opitz zeichnet auf knappem Raum das Denken
und Wirken des Zürcher Reformators in den Konflikten seiner
Zeit nach. Der Autor gewährt Einblicke in die Geschichte
der Stadt Zürich, der Eidgenossenschaft sowie in die internationale
Geschichte und macht deutlich, wie die persönliche Motivation
Zwinglis zu seinem reformatorischen Aufbruch durch die
politischen und sozialen Verhältnisse beeinflusst wurde, wie er
umgekehrt aber auch diese Verhältnisse entscheidend beeinflusste.
Das Buch eignet sich für Lesende mit und ohne Vorwissen
gleichermassen: Die anschauliche Biografie vermittelt auf aktuellem
Forschungsstand ein lebendiges und zugleich wissenschaftlich
fundiertes Bild des Reformators.

2015, 120 Seiten, Paperback mit zahlreichen farbigen
und s/w-Abbildungen

ISBN 978-3-290-17828-4

*«Tut um Gottes willen etwas Tapferes! Ich will euch bei meinem
Leben nicht irreführen oder etwas verheimlichen, man kann nicht alles
schriftlich mitteilen. Bleibt standhaft in Gott, gebt nichts auf das
Gejammer, bis das Recht durchgesetzt ist. Gott sei mit euch. In Eile,
16. Juni. Im Lager um 1. Uhr. 1529. Eurer hochgeachteten Weisheit
allezeit williger Huldrych Zwingli.»*

So schreibt Ulrich Zwingli, der epochale Denker, aus dem Kappeler
Feldlager nach Zürich. Wer Zwingli liest, ist plötzlich mitten drin
in der Reformation und den Geschehnissen der Zeit. Die zentralen
Texte von Zwingli selbst werden kurz und prägnant eingeleitet
und danach in verständlichem heutigem Deutsch abgedruckt. Die
Auswahl greift die wichtigsten Themen und biografischen Stationen
des Reformators auf. Zwingli lesen heisst, Zwingli kennen.

310 Seiten, 15.0 x 22.5 cm, Paperback mit farbigen Abbildungen

ISBN 978-3-290-17910-6